Learn Fre[illegible]

Car

How To Learn French Fast While Driving To Work

By

Florence Beaujolie

Table of Contents

Introduction

You wanted a challenge. You wanted to learn something new. Here you are, reading the introduction of this book that will help you begin this rewarding experience and an amazing journey.

Learning a language is not only learning words but learning how to look at the same things with a new perspective. This book was written to help you with the basics of French that will introduce you to this new perspective. You will find well-explained grammar points and useful examples. Try to set realistic goals such as studying little by little. Do not be afraid of making mistakes. Take advantage of each and every opportunity you get to practice French. Listen to French music, videos, podcasts. Immerse yourself in French, keeping your goal clear in your mind!

Remember that not everything that is different from your native language will have a "reason" why. For example, in English we say "at night" but how come we say “in the afternoon” and “in the morning”? Why? You will encounter many examples like this in your journey. The real question should be “Why not”?

Remember that your progress will not always be easily perceptible. There will be times where you will amaze yourself and other times where you might find it hard to pronounce a simple sentence. Having learned different other languages and having taught a large range of students, I have seen this many times. Please do not lose your spark, the one that made you begin this exciting experience. Because learning a language is a gift you are giving to yourself.

Greetings And How To Introduce Yourself

Here you will find what you need to know to greet and introduce yourself the right way in French. Let's get this started, shall we?

Top 8 Most Useful Greetings

1. Bonjour ! (Hello! Good morning!)
2. Bonsoir. (Good evening!)
3. Comment allez-vous ? (How are you? [formal or talking to a group])
4. Comment vas-tu ? (How are you? [informal])
5. Bonne nuit. (Good night!) Please note that we use "Bonne nuit!" only to say goodbye before going to sleep.
6. Au revoir. (Goodbye)
7. À bientôt ! (See you soon!)
8. À la prochaine ! (See you next time!)

How To Introduce Yourself

In order to introduce yourself in French, you will most likely use the verb "s'appeler" which literally means "to call oneself". Why the "s" before the verb? Because this is a reflective verb ("appeler" alone means to call). You could say "Mon nom est (name)" and still be understood since it is used as well. However, it is more common in French to use the verb "s'appeler" to say one's name. Let's take a look:

1. Je m'appelle Nathalie. (My name is Nathalie.)
2. Tu t'appelles Marc. (Your name is Marc.)
3. Il s'appelle Gilles. (His name is Gilles.)
4. Elle s'appelle Audrey. (Her name is Audrey.)
5. Nous nous appelons Michel et Ghislaine. (Our names are Michel and Ghislaine.)
6. Vous vous appelez Valérie et Louise. (Your names are Valérie and Louise.)
7. Ils s'appellent Annie et Patrick. (Their names are Annie and Patrick.)
8. Elles s'appellent Ève et Maude. (Their names are Eve and Maude.)

9. Comment-vous appelez-vous ? (What is your name? [formal with one person or talking to a group])
10. Comment t'appelles-tu ? (What is your name? [informal])
11. Comment s'appelle-t-elle ? (What is her name?)
12. Comment s'appelle-t-il ? (What is his name?)

A lot of people wonder what the "t" in the question "Comment s'appelle-t-il?" means. The answer is simple: it does not mean anything. We put it there only for pronunciation purposes since two vowels cannot be following one another in this case. The question without the "t" would sound funny to French ears.

Exercise 1.1

Fill out the blanks in the following sentences:

1. Bonjour, comment t'__________-tu ?
2. Je m'__________ Mathieu. Et toi, comment t'__________-tu ?

3. Je m'__________ Linda. Enchantée Mathieu !
4. Comment vous ___________-vous ?
5. Elle s'___________ Karine.
6. Il ne s'___________ pas Bertrand.

Exercise 1.1 - Answers

1. Bonjour, comment t'appelles-tu ?
2. Je m'appelle Mathieu. Et toi, comment t'appelles-tu ?
3. Je m'appelle Linda. Enchantée Mathieu !
4. Comment vous appelez-vous ?
5. Elle s'appelle Karine.
6. Il ne s'appelle pas Bertrand.

Pronouns And The Verb "être"

If you want to talk about your nationality and your job, you will need the verb être (to be).

- Je suis. (I am.)
- Tu es. (You are.)

- Il est. (He is.)
- Elle est. (She is.)
- Nous sommes. (We are.)
- Vous êtes. (You are.)
- Ils sont. (They are [referring to a group of men, or even when it's a group of women but there is one single man amongst them].)
- Elles sont. (They are [referring to a group of women only].)

Are you confused with the use of "tu" and "vous"? Most beginners are. "Vous" is a form of respect that can be used to talk to one person. Example: Comment puis-je vous aider ? (How can I help you?)

"Vous" is also used to talk to a group of people. Example: Est-ce que Anne et toi (vous) allez au cinéma?

"Tu" is reserved for friends and usually people younger than you. Please keep in mind that these are general guidelines and the use of these pronouns can vary from a person to another. If your interlocutor starts using "tu" with you, it is generally a sign that you are allowed to use it too, without offending anyone.

How To Say Your Nationality

1. Je suis Américain. (I am American. [man])
2. Je suis Américaine. (I am American. [woman])
3. Tu es Français. (You are French. [man])
4. Tu es Française. (You are French. [woman])
5. Il est Italien. (He is Italian.)
6. Elle est Italienne. (She is Italian.)
7. Nous sommes Japonais. (We are Japanese.)
8. Vous êtes Chinois. (You are Chinese.)
9. Ils sont Anglais. (They are English. [men])
10. Elles sont Anglaises. (They are English. [women])

Exercise 1.2

Let's practice with famous people:

1. Keira Knightley ___ Anglaise.
2. Tony Parker ___ Français.
3. Julia Roberts ___ Américaine.
4. Usain Bolt ___ Jamaïcain.
5. Laura Pausini ___ Italienne.
6. Angela Merkel ___ Allemande.
7. Gerard Depardieu et Vanessa Paradis ___ Français.
8. Pablo Picasso ___ Espagnol.
9. Louis-José Houde et André Sauvé ___ Canadiens.
10. Roméo Santos ___ Dominicain.

Exercise 1.2 – Answers

1. Keira Knightley est Anglaise.
2. Tony Parker est Français.
3. Julia Roberts est Américaine.
4. Usain Bolt est Jamaïcain.
5. Laura Pausini est Italienne.
6. Angela Merkel est Allemande.
7. Gerard Depardieu et Vanessa Paradis sont Français.

8. Pablo Picasso est Espagnol.
9. Louis-José Houde et André Sauvé sont Canadiens.
10. Roméo Santos est Dominicain.

3 Ways To Build A Yes/No Question In French

1. By adding 'est-ce que' before a statement:

   Statement: Laura Pausini est Italienne.

   Question: Est-ce que Laura Pausini est Italienne ?

2. By swapping the subject and the verb:

   Statement: Elle est Italienne.

   Question: Est-elle Italienne ?

3. By the intonation:

   Laura Pausini est Italienne ?

   This version isn't recommended for beginners since it can create confusion if not properly pronounced.

Time to practice!

Exercise 1.3

Example:

Est-ce que Keira Knightley est Anglaise ? (*Is Keira Knightley English?*)

Oui, elle est Anglaise. (*Yes, she is English.*)

1. Est-ce que Julia Roberts est Américaine ? (*Is Julia Roberts American?*)

   Oui, ________________________________

2. Est-ce que Tom Cruise est Américain ? (*Is Tom Cruise American?*)

   Oui, ________________________________

3. Est-ce que Simon Cowell est Anglais ? (*Is Simon Cowell English?*)

   Oui, ________________________________

Now that we've got this, let's add negation.

Example: Simon Cowell n'est pas Américain. (*Simon Cowell is not American.*)

4. Est-ce que Tom Cruise est Anglais ? (*Is Tom Cruise English?*)

   Non, ______________________________

5. Est-ce que Julia Roberts est Italienne ? (*Is Julia Roberts Italian?*)

   Non, ______________________________

6. Est-ce que Vanessa Paradis est Chinoise ? (*Is Vanessa Paradis Chinese?*)

   Non, ______________________________

7. Est-ce que Barack Obama est Belge ? (*Is Barack Obama Belgian?*)

   Non, ______________________________

8. Êtes-vous Américain ? (*Are you American? [asking a man in a formal way]*)

   Non, ______________________________

9. Es-tu Canadienne ? (*Are you Canadian? [asking a woman in an informal way]*)

   Non, ______________________________

10. Êtes-vous Indien ? (*Are you Indian? [asking a man in a formal way]*)

    Non, ______________________________

Exercise 1.3 – Answers

1. Oui, Julia Roberts est Américaine.
2. Oui, Tom Cruise est Américain.
3. Oui, Simon Cowell est Anglais.
4. Non, Tom Cruise n'est pas Anglais.
5. Non, Julia Roberts n'est pas Italienne.
6. Non, Vanessa Paradis n'est pas Chinoise.
7. Non, Barack Obama n'est pas Belge.
8. Non, je ne suis pas Américain.
9. Non, je ne suis pas Canadienne.
10. Non, je ne suis pas Indien.

Here are other useful sentences:

- Quelle est sa nationalité ? (*What is his/her nationality?*)
- Quelle est votre nationalité ? (*What is your nationality?* [asking one person in a formal way])
- Quelle est ta nationalité ? (*What is your nationality?* [asking one person in an informal way])
- D'où venez-vous ? (*Where are you from?* [formal or group of people])
- D'où viens-tu ? (*Where are you from?* [informal])
- Je viens de l'Argentine. (*I come from Argentina.*)
- Je viens du Ghana. (*I come from Ghana.*)
- Est-ce que tu viens du Canada ? (*Do you come from Canada?* [informal])
- Est-ce que vous venez de la Chine ? (*Do you come from China?* [formal or group of people])
- Est-ce qu'ils viennent du Royaume-Uni ? (*Do they come from the United Kingdom?*)
- Est-ce qu'elles viennent de la France ? (*Do they come from France?*)

Talking About Your Job

1. Je suis professeur. (I am a teacher.)
2. Tu es docteur. (You are a doctor.)
3. Il est infirmier. (He is a nurse.)
4. Elle est infirmière. (She is a nurse.)
5. Vous êtes photographes. (You are photographers.)
6. Nous sommes chef cuisiniers. (We are chefs.)
7. Ils sont mannequins. (They are models.)
8. Elles sont actrices. (They are actresses.)
9. Quel est votre travail ? (What is your job?)
10. Quel est votre emploi ? (What is your job?)
11. Dans quel domaine travaillez-vous ? (In what field do you work?)
12. Je travaille dans l'industrie de la mode. (I work in the fashion industry.)
13. Je travaille en marketing. (I work in marketing.)
14. Pour quelle entreprise travaillez-vous ? (What company do you work for?)
15. Je travaille pour Google. (I work for Google.)
16. Je travaille pour Infotech. (I work for Infotech.)

17. Que faites-vous dans la vie ? (What do you do for a living?)

Reviewing Chapter 1

Let's imagine this conversation between two people.

Maude: Bonjour ! (*Hello*!)

Jérémie: Bonjour. (*Hello.*)

Maude: Je m'appelle Maude. Comment vous appelez-vous ? (*My name is Maude. What is your name?*)

Jérémie: Je m'appelle Jérémie. Je viens du Pérou. Et vous, d'où venez-vous ? (*My name is Jeremy. I come from Peru. And you, where are you from?*)

Maude: Je viens de l'Australie. Que faites-vous dans la vie ? (*I come from Australia. What do you do for a living?*)

Jérémie: Je suis écrivain. Et vous, quel est votre travail ? (*I am a writer. And you, what is your job?*)

Maude: Je suis actrice. (*I am an actress.*)

Jérémie: Enchanté, Maude ! (*Nice to meet you*

Maude!)

Maude: Enchantée, Jérémie! (*Nice to meet you Jeremy!*)

About Time

Les Jours De La Semaine (The Days Of The Week)

- Lundi: Monday
- Mardi: Tuesday
- Mercredi: Wednesday
- Jeudi: Thursday
- Vendredi: Friday
- Samedi: Saturday
- Dimanche: Sunday

1. Je travaille du lundi au vendredi. (I work from Monday to Friday.)
2. Julie ne travaille jamais le mercredi. (Julie never works on Wednesday.)
3. Tout le monde déteste les lundis matin. (Everybody hates Monday mornings.)
4. Je vais à l'école le jeudi soir. (I go to school on Thursday evening.)
5. Ses cours de piano sont le vendredi soir. (Her piano lessons are on Friday night.)

Les Mois De L'année (The Months Of The Year)

- Janvier: January
- Février: February
- Mars: March
- Avril: April
- Mai: May
- Juin: June
- Juillet: July
- Août: August
- Septembre: September
- Octobre: October
- Novembre: November
- Décembre: December

1. Les mois d'été sont juin, juillet et août. (The summer months are June, July and August.)

2. Les mois d'hiver sont décembre, janvier et février. (The winter months are December, January and February.)
3. Les mois du printemps sont mars, avril et mai. (The spring months are March, April and May.)
4. Les mois de l'automne sont septembre, octobre et novembre. (The fall months are September, October and November.)

Articles (un, une, des, l', le, la, les)

1. L'entrée. (The entrance.)
2. Le salon. (The living room.)
3. La cuisine. (The kitchen.)
4. La salle de bain. (The bathroom.)
5. La chambre. (The bedroom.)
6. Le sous-sol. (The basement.)
7. L'escalier. (The staircase.)
8. La salle à manger. (The dining room)
9. Les pièces de la maison. (The rooms of the house.)
10. Il y a un canapé dans le salon. (There is a couch in the living room.)
11. Il y a un tapis dans l'entrée. (There is a carpet in the entrance.)
12. Il y a des lits dans la chambre. (There are beds in the bedroom.)
13. Il y a des serviettes dans la salle de bain. (There are towels in the bathroom.)
14. Il y a des brosses à dents dans la salle de bain. (There are toothbrushes in the bathroom.)
15. Il y a des assiettes dans la cuisine. (There are plates in the kitchen.)

16. Il y a une table de ping-pong au sous-sol. (There is a ping-pong table in the basement.)
17. Il y a des rideaux blancs dans la cuisine. (There are white curtains in the kitchen.)
18. Il y a des coussins colorés dans le salon. (There are colorful pillows in the living room.)
19. Il y a des couteaux, des fourchettes et des cuillères dans la cuisine. (There are knives, forks and spoons in the kitchen.)
20. Il y a des chaudrons dans la cuisine. (There are pots in the kitchen.)
21. Il y a une table et des chaises dans la salle à manger. (There is a table and chairs in the dining room.)
22. Il y a un chat sur le canapé. (There is a cat on the couch.)
23. Il y a un évier dans la cuisine. (There is a sink in the kitchen.)
24. Il y a une étagère dans la chambre. (There is a bookshelf in the room.)
25. Il y a une télévision dans le salon. (There is a TV in the living room.)

26. Il y a une nappe sur la table de la salle à manger. (There is a tablecloth on the table of the dining room.)
27. Il y a une douche dans la salle de bain. (There is a shower in the bathroom.)
28. Il y a un miroir dans l'entrée. (There is a mirror in the entrance.)
29. Il y a des livres sur la table du salon. (There are books on the table of the living room.)
30. Il y a des vêtements dans la penderie. (There are clothes in the closet.)
31. Il y a des peluches d'animaux sur le lit de la chambre. (There are stuffed animals on the bed of the bedroom.)
32. Il y a des chaussures dans l'entrée. (There are shoes in the entrance.)
33. Il y a des cadres sur les murs du salon. (There are frames on the walls of the living room.)
34. Il y a un four dans la cuisine. (There is an oven in the kitchen.)
35. Il y a une lampe dans le salon. (There is a lamp in the living room.)

(Crazy) French Numbers

People who learn French agree on at least one thing: the numbers are just absolutely insane. It is true that they seemed to have been created by avid calculus fans. Here is one trick: don't try to understand them, just memorize them. French numbers will not be conquered in one day, so try to break them down in groups of 10.

Here we go:

1. Un
2. Deux
3. Trois
4. Quatre
5. Cinq
6. Six
7. Sept
8. Huit
9. Neuf
10. Dix
11. Onze

12. Douze
13. Treize
14. Quatorze
15. Quinze
16. Seize
17. Dix-sept
18. Dix-huit
19. Dix-neuf
20. Vingt
21. Vingt-et-un
22. Vingt-deux
23. Vingt-trois
24. Vingt-quatre
25. Vingt-cinq
26. Vingt-six
27. Vingt-sept
28. Vingt-huit
29. Vingt-neuf
30. Trente
31. Trente-et-un
32. Trente-deux
33. Trente-trois

34. Trente-quatre
35. Trente-cinq
36. Trente-six
37. Trente-sept
38. Trente-huit
39. Trente-neuf
40. Quarante
41. Quarante-et-un
42. Quarante-deux
43. Quarante-trois
44. Quarante-quatre
45. Quarante-cinq
46. Quarante-six
47. Quarante-sept
48. Quarante-huit
49. Quarante-neuf
50. Cinquante
51. Cinquante-et-un
52. Cinquante-deux
53. Cinquante-trois
54. Cinquante-quatre
55. Cinquante-cinq

56. Cinquante-six
57. Cinquante-sept
58. Cinquante-huit
59. Cinquante-neuf
60. Soixante
61. Soixante-et-un
62. Soixante-deux
63. Soixante-trois
64. Soixante-quatre
65. Soixante-cinq
66. Soixante-six
67. Soixante-sept
68. Soixante-huit
69. Soixante-neuf
70. Soixante-dix
71. Soixante-et-onze
72. Soixante-douze
73. Soixante-treize
74. Soixante-quatorze
75. Soixante-quinze
76. Soixante-seize
77. Soixante-dix-sept

78. Soixante-dix-huit
79. Soixante-dix-neuf
80. Quatre vingt
81. Quatre-vingt-et-un
82. Quatre-vingt-deux
83. Quatre-vingt-trois
84. Quatre-vingt-quatre
85. Quatre-vingt-cinq
86. Quatre-vingt-six
87. Quatre-vingt-sept
88. Quatre-vingt-huit
89. Quatre-vingt-neuf
90. Quatre-vingt-dix
91. Quatre-vingt-et-onze
92. Quatre-vingt-douze
93. Quatre-vingt-treize
94. Quatre-vingt quatorze
95. Quatre-vingt quinze
96. Quatre-vingt seize
97. Quatre-vingt-dix-sept
98. Quatre-vingt-dix-huit
99. Quatre-vingt-dix-neuf

100. Cent!

Congratulations! You made it!

Please note that to this day, in Switzerland, people use "septante", "huitante", and "nonante" instead of "soixante-dix", "quatre-vingt" and "quatre-vingt-dix".

Colors

- Blanc: white
- Noir: black
- Bleu: blue
- Vert: green
- Jaune: yellow
- Rose: pink
- Rouge: red
- Orange: orange
- Beige: beige
- Gris: grey
- Bleu foncé: dark blue
- Bleu pâle: light blue

1. Les chemises sont blanches. (The shirts are white.)
2. Le ciel est bleu. (The sky is blue.)
3. Les uniformes sont bleu foncé. (The uniforms are dark blue.)
4. Les pommes sont rouges. (The apples are red.)
5. Le coucher de soleil semble orange et rose. (The sunset seems orange and pink.)

6. Les nuages sont gris, il va pleuvoir ! (The clouds are grey; it is going to rain!)
7. Ma robe préférée est la jaune. (My favorite dress is the yellow one.)
8. Il porte un habit gris pâle avec une cravate rose, une chemise verte et des chaussures noires. (He's wearing a light grey suit with a pink tie, a green shirt and black shoes.)
9. La neige blanche scintille. (The white snow sparkles.)
10. Ton chapeau est vert et blanc. (Your hat is green and white.)

Verb “Avoir” (To Have)

- J’ai. (I have.)
- Tu as. (You have.)
- Il a. (He has.)
- Elle a. (She has.)
- Nous avons. (We have.)
- Vous avez. (You have.)
- Ils ont. (They have [man])
- Elles ont. (They have [women])

A common French grammar mistakes is using “être” (to be) when you want to express that you are hungry, thirsty, cold or hot and say your age. In English, we are hungry, but in French, we “have hunger”. In English, we are 20 years old, but in French, we “have 20 years”.

Let’s take a look at it:

1. J’ai faim. (I am hungry.)
2. J'ai soif. (I am thirsty.)
3. J’ai froid. (I am cold.)

4. J'ai chaud. (I am hot.)
5. J'ai 20 ans. (I am 20 years old.)

Let's see how the negation works with "avoir":

6. Tu n'as pas froid. (You are not cold.)
7. Elle n'a pas 26 ans. (She is not 26 years old.)
8. Nous n'avons pas chaud. (We are not hot.)
9. Il n'a pas faim. (He is not hungry.)
10. Est-ce que vous avez faim ? (Are you hungry?)

Take a look at these other useful sentences:

1. Est-ce que tu as des frères et sœurs ? (Do you have siblings?)
2. Oui, j'ai un frère et deux sœurs. (Yes, I have one brother and two sisters.)
3. Non, je n'ai pas de frère et sœur. (No, I have no siblings.)
4. Est-ce que vous avez des animaux de compagnie ? (Do you have pets?)
5. J'ai un chat et un chien. (I have a cat and a dog.)
6. J'ai un poisson rouge. (I have a goldfish.)

7. Avez-vous une maison ou un appartement ? (Do you have a house or an apartment?)
8. J'ai une maison. (I have a house.)
9. Avez-vous des enfants ? (Do you have kids?)
10. Oui, j'ai trois enfants. (Yes, I have 3 kids.)
11. Combien d'enfants avez-vous ? (How many kids do you have?)
12. Quel type de voiture avez-vous ? (What kind of car do you have?)
13. Quel âge as-tu ? (How old are you?)
14. Combien de paires de chaussures ont-ils ? (How many pair of shoes do they have?)
15. Depuis quand a-t-elle des lunettes ? (Since when does she have glasses?)

Exercise 2.1

Complete the following sentences in French with the verb "avoir":

1. Mario ____ 3 enfants : Rosy, Christian et Emmanuel. Rosy ____ 13 ans, Christian ____ 8 ans et Emmanuel ____ 5 ans.

2. Ils ___ de bonnes idées.
3. Josée et moi ________ trois chats et un poisson rouge.
4. J'_____ envie de partir à la découverte du monde.
5. Vous ________ hâte d'aller au spectacle de fin d'année.
6. Ouvrez la fenêtre s'il vous plaît ! Les enfants _____ chaud !
7. Est-ce que vous _______ faim ?
8. Brigitte ___ le plus beau sourire de la classe.
9. ___-tu soif ?
10. Vous _______ froid mais vous mangez de la crème glacée quand même.

Exercise 2.1 – Answers

1. Mario a 3 enfants : Rosy, Christian et Emmanuel. Rosy a 13 ans, Christian a 8 ans et Emmanuel a 5 ans. (Mario has three children: Rosy, Christian and Emmanuel. Rosy is 13 years old, Christian is 8 years old and Emmanuel is 5 years old.)
2. Ils ont de bonnes idées. (They have good ideas.)

3. Josée et moi avons trois chats et un poisson rouge. (Josée and I have three cats and a goldfish.)
4. J'ai envie de partir à la découverte du monde. (I have the desire to discover the world.)
5. Vous avez hâte d'aller au spectacle de fin d'année. (You are looking forward to the year-end show.)
6. Ouvrez la fenêtre s'il vous plaît ! Les enfants ont chaud ! (Open the window please! The kids are hot!)
7. Est-ce que vous avez faim ? (Are you hungry?)
8. Brigitte a le plus beau sourire de la classe. (Brigitte has the most beautiful smile of the class.)
9. As-tu soif ? (Are you thirsty?)
10. Vous avez froid mais vous mangez de la crème glacée quand même. (You are cold but you're eating ice cream anyways.)

Talking About Your Family

Possessive Adjectives

- Je: mon / ma / mes
- Tu: ton / ta / tes
- Il: son / sa / ses
- Elle: son / sa /ses
- Nous: notre / nos
- Vous: votre /vos
- Ils/Elles: leur/leurs

“Mon”, “ton”, “son” are used to talk about singular masculine words. Example: C’est mon frère. (It’s my brother.)

They can also be placed in front of a singular feminine word that starts with a vowel or an “h”. Ex: C’est mon amie Anne. (It’s my friend Anne.)

“Ma”, “ta”, “sa” are used to talk about singular

feminine words. Ex: C’est ma sœur. (It’s my sister.)

Please note another interesting difference between French and English when using possessive adjectives. In French, the possessive adjective does not depend on the gender of the owner, but rather on the gender of the thing or person that is “owned”. For example, Julie has a brother named Mark. In English, we would say it is her brother. In French, we would say “son frère”, since Mark is a man.

Exercise 3.1

Write the following sentences in singular.

Example: Mes idées farfelues. Mon idée farfelue.

1. Tes crayons rouges. _____ crayon rouge. (Your red pens.)
2. Ses amis souriants. ____ ami souriant. (Your smiling friends.)
3. Mes envies folles. ____ envie folle. (My crazy cravings.)

4. Leurs chiens adorables. ___ chien adorable. (Their adorable dogs.)
5. Vos jeunes enfants. ___ jeune enfant. (Your young children.)
6. Nos animaux de compagnie attachants. ___ animal de compagnie attachant. (Our charming pets.)
7. Leurs casquettes aux couleurs vives. ___ casquette aux couleurs vives. (Their colorful caps.)
8. Mes jolies robes. ___ jolie robe. (My pretty dresses.)
9. Tes cravates vives. ___ cravate vive. (Your bright ties.)
10. Vos déceptions. ___ déception. (Your disappointments.)
11. Nos sacs. ___ sac. (Our bags.)
12. Leurs cartes. ___ carte. (Their cards.)
13. Mes guitares. ___ guitare. (My guitars.)
14. Tes jardins. ___ jardin. (Your gardens.)
15. Ses oignons. ___ oignon. (His/her onions.)
16. Nos repas préférés. ___ repas préféré. (Our favorite meals.)

17. Vos desserts époustouflants. ___ dessert époustouflant. (Your breathtaking desserts.)
18. Leurs chaussettes. ___ chaussette. (Their socks.)
19. Tes plantes. ___ plante. (Your plants.)
20. Ses ampoules. ___ ampoule. (His/her light bulbs.)
21. Mes accessoires à cheveux. ___ accessoire à cheveux. (My hair accessories.)

Exercise 3.1 – Answers

1. Tes crayons rouges. Ton crayon rouge. (Your red pens.)
2. Ses amis souriants. Son ami souriant. (Your smiling friends.)
3. Mes envies folles. Mon envie folle. (My crazy cravings.)
4. Leurs chiens adorables. Leur chien adorable. (Their adorable dogs.)
5. Vos jeunes enfants. Votre jeune enfant. (Your young children.)

6. Nos animaux de compagnie attachants. Notre animal de compagnie attachant. (Our charming pets.)
7. Leurs casquettes aux couleurs vives. Leur casquette aux couleurs vives. (Their colorful caps.)
8. Mes jolies robes. Ma jolie robe. (My pretty dresses.)
9. Tes cravates vives. Ta cravate vive. (Your bright ties.)
10. Vos déceptions. Votre déception. (Your disappointments.)
11. Nos sacs. Notre sac. (Our bags.)
12. Leurs cartes. Leur carte. (Their cards.)
13. Mes guitares. Ma guitare. (My guitars.)
14. Tes jardins. Ton jardin. (Your gardens.)
15. Ses oignons. Son oignon. (His/her onions.)
16. Nos repas préférés. Notre repas préféré. (Our favorite meals.)
17. Vos desserts époustouflants. Votre dessert époustouflant. (Your breathtaking desserts.)
18. Leurs chaussettes. Leur chaussette. (Their socks.)
19. Tes plantes. Ta plante. (Your plants.)
20. Ses ampoules. Son ampoule. (His/her light bulbs.)

21. Mes accessoires à cheveux. Son accessoire à cheveux. (My hair accessories.)

Family Members

1. C'est mon père. (It is my father.)
2. C'est ma mère. (It is my mother.)
3. Ce sont mes frères. (They are my brothers.)
4. C'est ton oncle. (It is your uncle.)
5. C'est ta tante. (It is your aunt.)
6. Ce sont tes cousins. (They are your cousins.)
7. C'est sa cousine Julie. (It is his/her cousin Julie.)
8. C'est son cousin Paul. (It is his/her cousin Paul.)
9. Ce sont ses sœurs. (They are her/his sisters.)
10. Ce sont vos neveux. (They are your nephews.)
11. Ce sont vos nièces. (They are your nieces.)
12. C'est votre beau-frère. (It is your brother-in-law.)
13. C'est notre belle-sœur. (It is our sister-in-law.)
14. Ce sont nos grands-parents. (They are our grandparents.)
15. C'est leur famille. (It is their family.)
16. Ce sont leurs enfants. (They are their kids.)

17. C'est mon mari. (It is my husband.)
18. C'est ma femme. (It is my wife.)
19. C'est mon époux. (It is my husband.)
20. C'est mon épouse. (It is my wife.)
21. C'est mon petit ami. (It is my boyfriend.)
22. C'est ma petite amie. (It is my girlfriend.)
23. Ce n'est pas mon oncle, c'est mon cousin. (It is not my uncle; it is my cousin.)
24. Ce n'est pas ma tante, c'est ma mère. (It is not my aunt; it is my mother.)
25. Ce n'est pas ma sœur, c'est ma cousine. (It is not my sister; it is my cousin.)
26. Ce n'est pas mon cousin, c'est mon frère. (It is not my cousin; it is my brother.)
27. Ce n'est pas ma nièce, c'est ma petite sœur. (It is not my niece; it is my little sister.)
28. Ce n'est pas ma cousine, c'est ma tante. (It is not my cousin; it is my aunt.)
29. Jean et Roger ne sont pas frères, ils sont beaux-frères. (Jean and Roger are not brothers, they are brothers-in-law.)

30. Sarah et Julie ne sont pas cousines, elles sont belles-sœurs. (Sarah and Julie are not cousins, they are sisters-in-law.)

Exercise 3.2

<u>First Text</u>

Je m'appelle Ivana. J'ai trois sœurs et un frère. Mes sœurs s'appellent Clarissa, Lauriane et Ève. Mon frère s'appelle Jacob. Nos parents s'appellent Roger et Martine. Notre père est plombier et notre mère est femme d'affaires.

My name is Ivana. I have three sisters and one brother. My sisters' names are Clarissa, Lauriane and Eve. My brother's name is Jacob. Our parents' name are Roger and Martine. Our dad is a plumber and our mom is a businesswoman.

Complete these sentences:

1. Ivana a trois sœurs. ____ sœurs s'appellent Clarissa, Lauriane et Ève.
2. Ivana a un frère. ____ frère s'appelle Jacob.
3. Le père de Jacob et Ivana s'appelle Roger. _____ père est plombier.
4. La mère de Clarissa et Ève s'appelle Martine. _____ mère est femme d'affaires.

Exercise 3.3

Second Text

Je m'appelle Olivier. J'ai deux sœurs et trois frères. Mes sœurs s'appellent Samantha et Chloé. Mes frères s'appellent Robert, Joseph et Michel. Nos parents s'appellent Jean et Suzanne. Notre père est journaliste et notre mère est professeure d'histoire.

My name is Olivier. I have two sisters and three brothers. My sisters' names are Samantha and Chloe. My brothers' names are Robert, Joseph and Michel. Our parents' names are Jean and Suzanne. Our dad is a reporter and our mom is an History teacher.

1. Comment s'appelle les sœurs d'Olivier ?

   ____

2. Comment s'appellent les frères d'Olivier ?

   ____

3. Que fait Jean dans la vie ?

   ____

4. Quel est le travail de Suzanne ?

   ____

5. Combien d'enfants ont Jean et Suzanne ?

   ____

Exercise 3.2 – Answers

1. Ivana a trois sœurs. Ses sœurs s'appellent Clarissa, Lauriane et Ève.
2. Ivana a un frère. Son frère s'appelle Jacob.
3. Le père de Jacob et Ivana s'appelle Roger. Leur père est plombier.

4. La mère de Clarissa et Ève s'appelle Martine. Leur mère est femme d'affaires.

Exercise 3.3 – Answers

1. Comment s'appelle les sœurs d'Olivier ?
   Elles s'appellent Samantha et Chloé.
2. Comment s'appellent les frères d'Olivier ?
   Ses frères s'appellent Robert, Joseph et Michel.
3. Que fait Jean dans la vie ?
   Il est journaliste.
4. Quel est le travail de Suzanne ?
   Elle est professeure d'histoire.
5. Combien d'enfants ont Jean et Suzanne ?
   Ils ont six enfants.

Present Tense Verbs – 1st Group

Verbs in French are divided in 3 groups. The first group includes verbs that end in "-er". For example, the verb "parler" (to talk) is part of that group. In order to conjugate it, we knock off the "-er" to keep the stem. The stem for "parler" is "parl".

Then we add these endings:

- Je parl**e**. (I talk.)
- Tu parl**es**. (You talk.)
- Il parl**e**. (He talks.)
- Elle parl**e**. (She talks.)
- Nous parl**ons**. (We talk.)
- Vous parl**ez**. (You talk. Plural or formal)
- Ils parl**ent**. (They talk. Masculine)
- Elles parl**ent**. (They talk. Feminine)

Take a look at these other verbs from the first group:

1. Je dessine un avion. (I draw a plane.)
2. Tu joues à cache-cache. (You play hide-and-seek.)

3. Il porte une cravate rouge. (He wears a red tie.)
4. Elle regarde la télévision. (She watches TV.)
5. Nous dessinons les plans de notre maison. (We draw our house's plans.)
6. Vous ne visitez pas votre belle-famille. (You do not visit your family in law.)
7. Ils ne détestent plus les épinards. (They do not hate spinach anymore.)
8. Elles parlent mandarin, grec, portugais et français. (They speak mandarin, Greek, Portuguese and French.)
9. Je voyage à travers l'Afrique. (I travel through Africa.)
10. Tu ne voyages jamais en Asie. (You never travel to Asia.)
11. Vous mangez des raisins avec du fromage. (You eat grapes with some cheese.)
12. Vous dessinez dans le train. (You draw in the train.)
13. Je commence à apprendre le français. (I start learning French.)
14. Nous écoutons la musique à la radio. (We listen to music on the radio.)

15. Elle pense être la prochaine superstar. (She thinks that she will be the next superstar.)
16. Je visite le musée avec mes vieux amis. (I visit the museum with my old friends.)
17. Elle écoute ce que le professeur dit à propos de l'Histoire des États-Unis. (She listens to what the teacher says about the History of the United States.)
18. Il commence à me taper sur les nerfs. (He's starting to get on my nerves.)
19. Ils jouent un jeu de stratégie très compliqué. (They play a very complicated strategy game.)
20. Tu aimes aller au cinéma. (You like to go to the movies.)
21. Il entre dans la pièce et enlève ses chaussures. (He enters in the room and removes his shoes.)
22. Ils entrent dans leur restaurant favori. (They enter in their favorite restaurant.)
23. Tu détestes devoir de l'argent à ta voisine Katherine. (You hate owing money to your neighbor Katherine.)
24. Elle mange tous les fruits qu'elle a trouvé dans la forêt. (She eats all the fruits she found in the forest.)

25. Je regarde un film très captivant. (I watch a captivating movie.)
26. Nous visitons notre famille en Europe chaque année. (We visit our family in Europe every year.)
27. Ils dessinent notre arbre généalogique. (They draw our genealogical tree.)
28. Vous entrez dans la maison. (You enter the house.)
29. J'aime la pizza et la fondue au fromage. (I love pizza and cheese fondue.)
30. Je mange du spaghetti et de la lasagne aux fruits de mer chaque mois. (I eat spaghetti and seafood lasagna every month.)
31. Ils pensent que les Beatles est le meilleur groupe de musique. (They think that the Beatles are the best band.)
32. Il ne saute pas plus haut qu'un kangourou. (He does not jump higher than a kangaroo.)
33. Elle joue aux cartes chaque jeudi avec sa mère et ses sœurs. (She plays card every Thursday with her mom and her sisters.)
34. Elle travaille sept jours par semaine. (She works seven days a week.)

35. Nous regardons les voisins déménager. (We watch the neighbors move out.)
36. Nous pensons avoir une meilleure idée. (We think we have a better idea.)
37. Il ne voyage pas en Amérique. (He does not travel to America.)
38. Elle chante constamment toutes les chansons de Joe Dassin. (She constantly sings all of Joe Dassin's songs.)
39. Ils sautent de joie quand ils apprennent que leur sœur est enceinte. (They jump of joy when they learn that their sister is pregnant.)
40. Tu regardes l'écran d'ordinateur de trop près, c'est dangereux pour tes yeux. (You're looking at the computer screen too closely, it is dangerous for your eyes.)
41. Tu visites tes amis péruviens. (You visit you Peruvian friends.)
42. Ils portent des mitaines et des bottes de fourrure. (They wear mittens and fur boots.)
43. Est-ce que vous pensez aller au concert ce soir ? (Do you think you will go to the concert tonight?)

44. Combien de fois manges-tu de la cuisine arabe par mois ? (How many times a month do you eat Arab cuisine?)
45. Aimez-vous la cuisine italienne ? (Do you like Italian cuisine?)

Present Tense Verbs – 2nd Group

As we have seen in the previous chapter, verbs in French are divided in 3 groups. The second group includes verbs that end in "-ir", but not all of them! In fact, some of them belong to the third group, which we will talk about in the next chapter. In order to conjugate the verbs from the second group, we remove the "-ir" to keep the stem. Stem for "choisir" is "chois".

Then we add these endings: -is, -it, -issons, -issez, -issent.

Choisir (To Choose)

- Je chois**is**. (I choose.)
- Tu chois**is**. (You choose.)
- Il chois**it**. (He chooses.)
- Elle chois**it**. (She chooses.)
- Nous chois**issons**. (We choose.)
- Vous chois**issez**. (You choose. Plural or formal)

- Ils choisi**ssent**. (They choose. Masculine)
- Elles choisi**ssent**. (They choose. Feminine)

Take a look at these examples:

1. Je choisis d'aller à l'Université de Montréal. (I choose to go to the Montreal University.)
2. Tu choisis toujours la même chose quand tu vas au restaurant. (You always choose the same thing when you go to the restaurant.)
3. Luc choisit de porter son pantalon gris, sa chemise blanche et sa cravate rouge pour impressionner Sylvie. (Luc chooses to wear his grey pants, his white shirt and his red tie to impress Sylvie.)
4. Elle choisit toujours la crème glacée au fruit de la passion. (She always chooses the passion fruit ice cream.)
5. Choisissez-vous d'aller en vacances dans le Sud de l'Espagne ou en Nouvelle-Zélande ? (Do you choose to go on vacation in the South of Spain or in New-Zealand?)
6. Ils ne choisissent jamais leurs vêtements la veille. (They never choose their clothes the night before.)

7. Il ne choisit pas son siège à l'avance pour son vol Paris-Montréal. (He does not choose his seat in advance for his Paris-Montréal flight.)
8. Stéphanie ne choisit pas sa robe de mariée. (Stephanie does not choose her wedding dress.)
9. James choisit entre un style classique et un style plus moderne. (James chooses between a classical style and a more modern one.)
10. Choisis-tu d'aller à la plage ? (Do you choose to go to the beach?)

Finir (To Finish)

- Je fin**is**. (I finish.)
- Tu fin**is**. (You finish.)
- Il fin**it**. (He finishes.)
- Elle fin**it**. (She finishes.)
- Nous fin**issons**. (We finish.)
- Vous fin**issez**. (You finish. Plural or formal)
- Ils fin**issent**. (They finish. Masculine)
- Elles fin**issent**. (They finish. Feminine)

Take a look at these examples:

1. Je finis mon devoir dans quelques minutes. (I finish my homework in a few minutes.)
2. Tu finis ton assiette très rapidement. (You finish your plate very quickly.)
3. À quelle heure finit-elle de travailler ? (At what time does she finish work?)
4. Julie finit de travailler à 18 heures. (Julie finishes work at 6 pm.)
5. Nous finissons cette tâche avant d'en commencer une autre. (We finish this task before starting another one.)
6. Francine finit le dernier épisode de la série. (Francine finishes the last episode of the series.)
7. Quand finissez-vous ce projet ? (When do you finish this project?)
8. Serge et son beau-frère finissent ce projet au mois de mai. (Serge and his brother-in-law finish this project in the month of May.)

9. Il semble que cette histoire finit en queue de poisson. (It seems that this story finishes in a bad way.)
10. Est-ce que vous finissez ce courriel ? (Do you finish this email?)

Avertir (To Warn)

- J'avert**is**. (I warn.)
- Tu avert**is**. (You warn.)
- Il avert**it**. (He warns.)
- Elle avert**it**. (She warns.)
- Nous avert**issons**. (We warn.)
- Vous avert**issez**. (You warn. Plural or formal)
- Ils avert**issent**. (They warn. Masculine)
- Elles avert**issent**. (They warn. Feminine)

Take a look at these examples:

1. Le chien nous avertit si des visiteurs arrivent. (The dog warns us if visitors arrive.)

2. Tu avertis le voisinage que tu vas organiser une fête bruyante. (You warn the neighborhood that you are going to organize a noisy party.)
3. L'arbitre avertit le joueur avec un carton jaune. (The referee warns the player with a yellow card.)
4. Nous avertissons les automobilistes avec nos gestes pour qu'ils sachent que la zone est dangereuse. (We warn the drivers with our gestures so that they know that the area is dangerous.)
5. Le professeur t'avertit pour ton comportement louche. (The teacher warns you for your suspicious behavior.)
6. Les nuages nous avertissent que la pluie s'en vient. (The clouds warn us that the rain is coming.)
7. C'est la dernière fois que je t'avertis. (It is the last time that I warn you.)
8. Depuis quand est-ce que les policiers vous avertissent ? (Since when do the police officers warn you?)
9. Elle m'avertit de son départ. (She warns me about her departure.)

10. Avertissez-vous le propriétaire de la maison avec une lettre ? (Do you warn the owner of the house with a letter?)

Réussir (To Succeed / To Pass / To Manage)

- Je réuss**is**. (I succeed.)
- Tu réuss**is**. (You succeed.)
- Il réuss**it**. (He succeeds.)
- Elle réuss**it**. (She succeeds.)
- Nous réuss**issons**. (We succeed.)
- Vous réuss**issez**. (You succeed. Plural or formal)
- Ils réuss**issent**. (They succeed. Masculine)
- Elles réuss**issent**. (They succeed. Feminine)

Take a look at these examples:

1. Je réussis mon examen de sciences physiques. (I pass my physical sciences exam.)
2. Tu réussis toujours à me faire sourire. (You always manage to make me smile.)

3. Ils réussissent toujours la levée de fonds annuelle pour les enfants malades. They are always successful with the annual fundraising for sick kids.)
4. Elles réussissent leur chorégraphie à chaque fois. (They nail their choreography every time.)
5. Cet acteur réussit parfois à me faire pleurer. (This actor manages to make me cry sometimes.)
6. Je ne réussis pas la mousse au chocolat comme mon voisin. (I am not successful like my neighbor in making chocolate mousse.)
7. Est-ce que vous réussissez toujours vos examens ? (Do you always pass your exams?)
8. Francis ne réussit pas toujours ses examens. (Francis does not always pass his exams.)
9. Est-ce que tu réussis à aller au gym chaque semaine ? (Do you manage to go to the gym every week?)
10. Est-ce que vous réussissez à manger sainement ? (Do you manage to eat healthy?)

Bâtir (To Build)

- Je bât**is**. (I build.)
- Tu bât**is**. (You build.)
- Il bât**it**. (He builds.)
- Elle bât**it**. (She builds).
- Nous bât**issons**. (We build.)
- Vous bât**issez**. (You build. Plural or formal)
- Ils bât**issent**. (They build. Masculine)
- Elles bât**issent**. (They build. Feminine)

Take a look at these examples:

1. Je bâtis une nouvelle carrière dans le domaine de la photographie. (I build a new career in the photography field.)
2. Tu bâtis une maison en briques rouges. (You build a house out of red bricks.)
3. Ils ne bâtissent pas leur mariage sur des bases solides. (They do not build their marriage on solid foundations.)
4. Est-ce que vous bâtissez un château ? (Do you build a castle?)

5. Nous ne bâtissons pas une villa dans ce village charmant. (We do not build a villa in this charming town.)
6. Je ne bâtis pas une maison seule. (I do not build a house alone.)
7. Vous bâtissez un édifice au centre-ville. (You build a building downtown.)
8. Je ne bâtis pas une maison orange. (I do not build an orange house.)
9. Bâtissez-vous une maison au Québec ? (Are you building a house in Québec?)
10. Est-ce que vous bâtissez vos amitiés avec le respect et une bonne communication ? (Do you build your friendships with respect and a good communication?)

Remplir (To Fill / To Fill In / To Fill Out / To Complete)

- Je rempl**is**. (I fill.)
- Tu rempl**is**. (You fill.)
- Il rempl**it**. (He fills.)

- Elle rempl**it**. (She fills.)
- Nous rempl**issons**. (We fill.)
- Vous rempl**issez**. (You fill. Plural or formal)
- Ils rempl**issent**. (They fill. Masculine)
- Elles rempl**issent**. (They fill. Feminine)

Take a look at these examples:

1. Je remplis le sondage sur mes habitudes de consommation. (I fill out the survey on my consumption habits.)
2. En tant qu'hôte, tu remplis les verres des invités. (As a host, you fill the glasses of the guests.)
3. Nous remplissons vos cœurs de joie et de fierté. (We fill up your hearts with joy and pride.)
4. Elles remplissent tous les critères de cette entreprise. (They fulfill every requirement of this company.)
5. Ma mère remplit le réfrigérateur avec de bons aliments. (My mom fills up the fridge with good food.)

6. Je ne remplis jamais les questionnaires. (I never fill out surveys.)
7. Combien de sondages remplissez-vous ? (How many surveys do you fill out?)

Nourrir (To Feed / To Nourish)

- Je nourr**is**. (I feed / nourish.)
- Tu nourr**is**. (You feed / nourish.)
- Il nourr**it**. (He feeds / nourishes.)
- Elle nourr**it**. (She feeds / nourishes.)
- Nous nourr**issons**. (We feed / nourish.)
- Vous nourr**issez**. (You feed / nourish. Plural or formal)
- Ils nourr**issent**. (They feed / nourish. Masculine)
- Elles nourr**issent**. (They feed / nourish. Feminine)

Take a look at these examples:

1. Je nourris mes enfants. (I feed my kids.)
2. Tu nourris le désir de réaliser tes rêves. (You nourish the desire to make your dreams come true.)

3. Cette crème nourrit la peau avec des vitamines. (This lotion nourishes the skin with vitamins.)
4. Vous nourrissez votre famille avec des repas équilibrés. (You feed your family with well-balanced meals.)
5. Comment vous nourrissez-vous ? (How do you feed yourself?)

Ralentir (To Slow Down)

- Je ralent**is**. (I slow down.)
- Tu ralent**is**. (You slow down.)
- Il ralent**it**. (He slows down.)
- Elle ralent**it**. (She slows down.)
- Nous ralent**issons**. (We slow down.)
- Vous ralent**issez**. (You slow down. Plural or formal)
- Ils ralent**issent**. (They slow down. Masculine)
- Elles ralent**issent**. (They slow down. Feminine)

Take a look at these examples:

1. Ralentissez-vous devant les écoles et les parcs ? (Do you slow down in front of schools and parks?)
2. Il ralentit sa vitesse. (He slows down his speed.)
3. Pendant l'été, nous ralentissons nos activités commerciales. (During summer, we slow down our business activities.)
4. Le processus ralentit toujours de plus en plus. (The process is still slowing down more and more.)
5. Le coureur ralentit parce qu'il est fatigué. (The runner slows down because he is tired.)

Vieillir (To Get Old)

- Je vieill**is**. (I get old.)
- Tu vieill**is**. (You get old.)
- Il vieill**it**. (He gets old.)
- Elle vieill**it**. (She gets old.)
- Nous vieill**issons**. (We get old.)
- Vous vieill**issez**. (You get old. Plural or formal)
- Ils vieill**issent**. (They get old. Masculine)
- Elles vieill**issent**. (They get old. Feminine)

Take a look at these examples:

1. Nous vieillissons tous de jour en jour. (We all get old day by day.)
2. Cette chanson des Beatles ne vieillit pas. (This Beatles song does not get old.)
3. Nous vieillissons trop vite. (We get old too fast.)
4. Cette actrice vieillit bien. (This actress ages well.)
5. Ce film ne vieillit pas bien du tout. (This movie does not age well at all.)

Rajeunir (To Rejuvenate)

- Je rajeun**is**. (I rejuvenate.)
- Tu rajeun**is**. (You rejuvenate.)
- Il rajeun**it**. (He rejuvenates.)
- Elle rajeun**it**. (She rejuvenates.)
- Nous rajeun**issons**. (We rejuvenate.)
- Vous rajeun**issez**. (You rejuvenate. Plural or formal)
- Ils rajeun**issent**. (They rejuvenate. Masculine)

- Elles rajeun**issent**. (They rejuvenate. Feminine)

Take a look at these examples:

1. Cette entreprise rajeunit son image. (This business rejuvenates its image.)
2. Les voyages nous rajeunissent. (Travels rejuvenate us.)
3. Mes grands-parents rajeunissent quand ils écoutent la musique d'antan. (My grandparents rejuvenate when they listen to old music.)
4. Cette mode rajeunit le look des femmes. (This trend rejuvenates women's look.)
5. Ils rajeunissent leur personnel puisque plusieurs prennent leur retraite. (They rejuvenate their staff since many are retiring.)

Agrandir (To Enlarge / To Expand) - Grandir (To Grow / To Grow Up)

- J'agrand**is**. (Je grand**is**.)
- Tu agrand**is**. (Tu grand**is**.)

- Il agrand**it**. (Il grand**it**.)
- Elle agrand**it**. (Elle grand**it**.)
- Nous agrand**issons**. (Nous grand**issons**.)
- Vous agrand**issez**. (Vous grand**issez**. Plural or formal)
- Ils agrand**issent**. (Ils grand**issent**. Masculine)
- Elles agrand**issent**. (Elles grand**issent**. Feminine)

Take a look at these examples:

1. Les enfants de la voisine grandissent vite. (The neighbor's kids are growing up fast.)
2. Mes plantes ne grandissent pas aussi vite que je le voudrais. (My plants aren't growing as fast as I would like them to.)
3. Vous agrandissez votre maison cette année. (You expand your house this year.)
4. Peux-tu agrandir la photo ? (Can you zoom into the picture?)
5. Il est tellement grand ! Va-t-il arrêter de grandir ? (He is so tall! Will he stop growing?)

Applaudir (To Clap / To Applaud / To Cheer / To Acclaim)

- J'applaud**is**. (I clap.)
- Tu applaud**is**. (You clap.)
- Elle applaud**it**. (She claps.)
- Il applaud**it**. (He claps.)
- Nous applaud**issons**. (We clap.)
- Vous applaud**issez**. (You clap. Plural or formal)
- Ils applaud**issent**. (They clap. Masculine)
- Elles applaud**issent**. (They clap. Feminine)

Take a look at these examples:

1. J'applaudis tes efforts. (I acclaim your efforts.)
2. Nous applaudissons les artistes qui ont performé ce soir. (We applaud the artists who performed tonight.)
3. Julie applaudit son enfant Patrick pour son examen d'éducation physique. (Julie applauds her child Patrick for his physical education exam.)

4. Vous applaudissez les étudiants qui ont reçu leurs diplômes. (You acclaim the students who receive their diplomas.)
5. Ils applaudissent celui qui vient de gagner le trophée du meilleur acteur. (They applaud the one who just won the best actor award.)

Rougir (To Blush / To Turn Red)

- Je roug**is**. (I blush / I turn red.)
- Tu roug**is**. (You blush / You turn red.)
- Il roug**it**. (He blushes / He turns red.)
- Elle roug**it**. (She blushes / She turns red.)
- Nous roug**issons**. (We blush / We turn red.)
- Vous roug**issez**. (You blush / You turn red. Plural or formal)
- Ils roug**issent**. (They blush / They turn red. Masculine)
- Elles roug**issent**. (They blush / They turn red. Feminine)

Take a look at these examples:

1. En automne, au Canada, les feuilles des arbres rougissent et c'est un spectacle époustouflant. (During fall, in Canada, the leaves turn red and it is a breathtaking view to witness.)
2. Axel rougit quand il voit Cynthia. (Axel turns red when he sees Cynthia.)
3. Nous rougissons quand vous nous disiez des compliments. (We turn red when you compliment us.)
4. Elle rougit toujours de honte quand nous découvrons son mensonge. (She always turns red from shame when we discover her lie.)
5. Robert rougit quand il est embarrassé par une question. (Robert turns red when he is embarrassed by a question.)

Rugir (To Roar)

- Je rug**is**. (I roar.)
- Tu rug**is**. (You roar.)
- Il rug**it**. (He roars.)

- Elle rug**it**. (She roars.)
- Nous rug**issons**. (We roar.)
- Vous rug**issez**. (You roar. Plural or formal)
- Ils rug**issent**. (They roar. Masculine)
- Elles rug**issent**. (They roar. Feminine)

Take a look at these examples:

1. Le lion rugit dans sa cage. (The lion roars in his cage.)
2. Nous rugissons de colère devant l'injustice. (We roar of anger because of the injustice.)
3. Les manifestants rugissent des injures dans les rues. (The protesters roar insults in the streets.)

Garantir (To Guarantee / To Promise)

- Je garant**is**. (I guarantee.)
- Tu garant**is**. (You guarantee.)
- Il garant**it**. (He guarantees.)
- Elle garant**it**. (She guarantees.)
- Nous garant**issons**. (We guarantee.)

- Vous garant**issez**. (You guarantee. Plural or formal)
- Ils garant**issent**. (They guarantee. Masculine)
- Elles garant**issent**. (They guarantee. Feminine)

Take a look at these examples:

1. Je te garantis que nous allons partir à Walt Disney World. (I promise you that we will go to Walt Disney World.)
2. Cette entreprise garantit un service impeccable à tous ses clients. (This business guarantees a flawless service to all of its clients.)
3. Ils ne garantissent absolument rien à l'achat de cet électroménager. (They guarantee absolutely nothing with the purchase of this appliance.)
4. Le docteur me garantit une meilleure santé avec ces changements de mode de vie. (The doctor promises me a better health with these lifestyle changes.)
5. Ces billets nous garantissent l'entrée au spectacle. (These tickets guarantee us an entry to the show.)

S'évanouir (To Faint)

- Je m'évanou**is**. (I faint.)
- Tu t'évanou**is**. (You faint.)
- Il s'évanou**it**. (He faints.)
- Elle s'évanou**it**. (She faints.)
- Nous nous évanou**issons**. (We faint.)
- Vous vous évanou**issez**. (You faint. Plural or formal)
- Ils s'évanou**issent**. (They faint. Masculine)
- Elles s'évanou**issent**. (They faint. Feminine)

Take a look at these examples:

1. Mathieu s'évanouit à chaque fois qu'il va à l'hôpital. (Mathieu faints every time he goes to the hospital.)
2. Mes espoirs d'arriver à l'heure s'évanouissent quand je vois le trafic. (My hopes to get there on time faint when I see the traffic.)
3. Les fans s'évanouissent devant les membres de leur groupe de musique préféré. (The fans faint in front of the members of their favorite band.)

Démolir (To Knock Down / To Demolish)

- Je démol**is**. (I demolish.)
- Tu démol**is**. (You demolish.)
- Il démol**it**. (He demolishes.)
- Elle démol**it**. (She demolishes.)
- Nous démol**issons**. (We demolish.)
- Vous démol**issez**. (You demolish. Plural or formal)
- Ils démol**issent**. (They demolish. Masculine)
- Elles démol**issent**. (They demolish. Feminine)

Take a look at these examples:

1. Est-ce que vous démolissez la salle de bains pour la reconstruire ? (Do you knock down the bathroom to build it after?)
2. Cet article de journal démolit mes espoirs. (This newspaper article demolishes my hopes.)
3. Nous ne démolissons pas la maison. (We do not knock down the house.)

Agir (To Act)

- J'ag**is**. (I act.)
- Tu ag**is**. (You act.)
- Il ag**it**. (He acts.)
- Elle ag**it**. (She acts.)
- Nous ag**issons**. (We act.)
- Vous ag**issez**. (You act. Plural or formal)
- Ils ag**issent**. (They act. Masculine)
- Elles ag**issent**. (They act. Feminine)

Take a look at these examples:

1. J'agis de bonne foi. (I act from good faith.)
2. Tu agis en connaissance de cause. (You act knowing the facts.)
3. Nous agissons car le temps presse ! (We act because time presses!)
4. Rébecca et Miriam agissent sans réfléchir aux conséquences de leurs actions. (Rebecca and Miriam act without thinking about the consequences of their actions.)

5. Ces personnes font beaucoup de promesses mais n'agissent jamais. (These people make a lot of promises but they never act.)
6. Ce chat n'agit jamais innocemment. (This cat never acts innocently.)
7. Les ambulanciers agissent toujours rapidement. (The paramedics always act quickly.)
8. Elle agit avec nous bizarrement. (She's acting weirdly around us.)
9. Ces petites filles agissent comme des princesses royales. (These little girls act like royal princesses.)
10. Il agit de façon responsable. (He acts in a responsible way.)

Present Tense Verbs – 3rd Group

The third group includes a large variety of verbs. We will focus on the most common ones in this chapter.

Vouloir (To Want)

- Je veux. (I want.)
- Tu veux. (You want.
- Il veut. (He wants.)
- Elle veut. (She wants.)
- Nous voulons. (We want.)
- Vous voulez. (You want. Plural or formal)
- Ils veulent. (They want. Masculine)
- Elles veulent. (I want. Feminine)

Take a look at these examples:

1. Annie et Janie ne veulent pas manger au resto ce soir. (Annie and Janie do not want to eat at the restaurant tonight.)

2. Je ne veux pas lui parler. (I do not want to talk to him/her.)
3. Veulent-ils prendre des vacances ? (Do they want to take a vacation?)
4. Vous voulez de la crème glacée. (You want ice cream.)
5. Je veux aller à New York avec mes amies. (I want to go to New York with my friends.)
6. Nous voulons rendre nos parents fiers. (We want to make our parents proud.)
7. Voulez-vous adopter un enfant ? (Do you want to adopt a child?)
8. Sandra veut la paix dans le monde. (Sandra wants world peace.)
9. Marie et Amber veulent aller au cinéma. (Marie and Amber want to go to the cinema.)
10. Il veut passer du temps avec Julie. (He wants to spend some time with Julie.)

Savoir (To Know)

- Je sais. (I know.)

- Tu sais. (You know.)
- Il sait. (He knows.)
- Elle sait. (She knows.)
- Nous savons. (We know.)
- Vous savez. (You know. Plural or formal)
- Ils savent. (They know. Masculine)
- Elles savent. (They know. Feminine)

Take a look at these examples:

1. Sais-tu danser la salsa ? (Do you know how to dance salsa?)
2. Je sais que tu as raison. (I know you are right.)
3. Daniel sait nager. (Daniel knows how to swim.)
4. Gilles et Angèle savent tricoter. (Gilles and Angèle know how to knit.)
5. Jessica et toi savez ce que vous allez faire en fin de semaine. (You and Jessica know what you will do this weekend.)
6. Nous savons ce qui s'est passé. (We know what happened.)

7. Est-ce que tu sais faire de la nourriture asiatique ? (Do you know how to cook Asian food?)
8. Elle sait qu'elle est talentueuse. (She knows that she is talented.)
9. Nous savons que la Terre est ronde. (We know the Earth is round.)
10. Je sais que Chloé me cache quelque chose. (I know that Chloe is hiding something from me.)

Devoir (To Have To)

- Je dois. (I have to.)
- Tu dois. (You have to.)
- Il doit. (He has to.)
- Elle doit. (She has to.)
- Nous devons. (We have to.)
- Vous devez. (You have to. Plural or formal)
- Ils doivent. (They have to. Masculine)
- Elles doivent. (They have to. Feminine)

Take a look at these examples:

1. Manon et Jean doivent payer leurs impôts. (Manon and Jean have to pay their taxes.)
2. Tu dois faire plus d'exercices. (You have to do more exercises.)
3. Annette et toi devez me dire la vérité. (You and Annette have to tell me the truth.)
4. Ma sœur et moi devons nettoyer la maison. (My sister and I have to clean the house.)
5. Nous devons apprendre ces règles de grammaire par cœur. (We have to learn these grammar rules by heart.)
6. Elles doivent déménager bientôt. (They have to move out soon.)
7. Nathalie doit ajuster sa robe. (Nathalie has to adjust her dress.)
8. Julien doit donner un discours convaincant. (Julien has to give a convincing talk.)
9. Céline doit chanter la chanson la plus populaire de l’année ce soir. (Céline has to sing the most popular song of the year tonight.)
10. Nous devons 100 dollars à notre colocataire. (We owe 100$ to our room-mate.)

Pouvoir (Can / May)

- Je peux. (I can/may.)
- Tu peux. (You can/may.)
- Il peut. (He can/may.)
- Elle peut. (She can/may.)
- Nous pouvons. (We can/may.)
- Vous pouvez. (You can/may. Plural or formal)
- Ils peuvent. (They can/may. Masculine)
- Elles peuvent. (They can/may. Feminine)

Take a look at these examples:

1. Pouvez-vous m'aider ? (Can you help me?)
2. Mark et moi pouvons courir 10 kilomètres. (Mark and I can run 10 km.)
3. S'ils veulent, ils peuvent. (If they want, they can.)
4. Je ne peux pas venir. (I can't come.)
5. Nancy et Gary ne peuvent pas manger de la nourriture épicée. (Nancy and Gary cannot eat spicy food.)

6. Malheureusement, nous ne pouvons pas voler comme les oiseaux. (Unfortunately, we cannot fly like birds.)
7. Comment puis-je vous aider ? (How can I help you?)
8. Vous ne pouvez pas traverser cette rue. (You cannot cross that street.)
9. Désolé, tu ne peux pas payer avec une carte de crédit ici. (Sorry, you cannot pay with a credit card here.)
10. Je ne peux pas croire que ce chapitre est terminé. (I cannot believe that this chapter is over.)

Faire (To Do / To Make)

- Je fais. (I do / I make.)
- Tu fais. (You do / You make.)
- Il fait. (He does / He makes.)
- Elle fait. (She does / She makes.)
- Nous faisons. (We do / We make.)
- Vous faites. (You do / You make. Plural or formal)
- Ils font. (They do / They make. Masculine)

- Elles font. (They do / They. Feminine)

Take a look at these examples:

1. Je fais des brownies. (I make brownies.)
2. Tu fais une salade de poulet. (You make a chicken salad.)
3. Il me fait plaisir quand il fait la vaisselle. (He makes me happy when he does the dishes.)
4. Elle fait la connaissance de ses nouveaux collègues. (She's meeting her new colleagues.)
5. Tu me fais peur avec tes histoires. (You're scaring me with your stories.)
6. Nous faisons nos valises car demain nous partons en Italie ! (We are packing our suitcases because tomorrow we are going to Italy!)
7. Il s'en fait pour son avenir. (He is worried about his/her future.)
8. Je fais de l'exercice tous les jours tôt le matin. (I exercise early in the morning every day.)
9. Vous faites du ski au Québec chaque hiver. (You ski in Quebec every winter.)

10. Tu fais la grasse matinée quand tu ne travailles pas. (You sleep in late when you do not work.)

Prendre (To Take)

- Je prends. (I take.)
- Tu prends. (You take.)
- Il prend. (He takes.)
- Elle prend. (She takes.)
- Nous prenons. (We take.)
- Vous prenez. (You take. Plural or formal)
- Ils prennent. (They take. Masculine)
- Elles prennent. (They take. Feminine)

Take a look at these examples:

1. Je prends du poids chaque année. (I gain weight every year.)
2. Tu prends toujours un café avec du sucre et du lait. (You always have a coffee with sugar and milk.)
3. Il prend son temps parfois. (He takes his time sometimes.)

4. Elle prend son amie dans ses bras. (She takes her friend in her arms.)
5. Nous prenons de vos nouvelles. (We catch up with you.)
6. Vous prenez le temps de répondre à leurs questions. (You take the time to answer their questions.)
7. Ils prennent le train. (They take the train.)
8. Elles prennent l'avion. (They take the plane.)
9. Lili et moi prenons ce qui reste. (Lili and I take what is left.)
10. Je prends le livre. (I take the book.)
11. Nous prenons de belles photos. (We take beautiful pictures.)
12. Elles ne prennent pas le bateau pour aller à New York. (They do not take the boat to go to New York.)

Mettre (To Put)

- Je mets. (I put.)
- Tu mets. (You put.)
- Il met. (He puts.)
- Elle met. (She puts.)

- Nous mettons. (We put.)
- Vous mettez. (You put. Plural or formal)
- Ils mettent. (They put. Masculine)
- Elles mettent. (They put. Feminine)

Take a look at these examples:

1. Je mets trop de parfum par erreur parfois. (I put too much perfume on by mistake sometimes.)
2. Tu mets tes économies dans un compte bancaire. (You put your savings in a bank account.)
3. Jean met de la crème solaire quand il va à la plage. (Jean puts sunscreen when he goes to the beach.)
4. Marie met du sucre dans sa sauce à spaghetti pour réduire l'acidité. (Marie puts sugar in her spaghetti sauce to reduce the acidity.)
5. Bob et moi mettons nos foulards. (Bob and I put our scarves on.)
6. Laurence et toi mettez vos plus belles robes pour assister au mariage. (Laurence and you put your most beautiful dresses to attend the wedding.)
7. Je mets toujours des chaussettes dans mes chaussures. (I always put socks in my shoes.)

8. Nous mettons les assiettes sur la table. (We put the plates on the table.)
9. Ils mettent beaucoup d'efforts sur ce projet. (They put a lot of effort on this project.)
10. Vous mettez du beurre sur le pain. (You put butter on the bread.)

Here are some verbs that are part of the third group even though they end in "-ir":

Dormir (To Sleep)

- Je dors. (I sleep.)
- Tu dors. (You sleep.)
- Il dort. (He sleeps.)
- Elle dort. (She sleeps.)
- Nous dormons. (We sleep.)
- Vous dormez. (You sleep. Plural or formal)
- Ils dorment. (They sleep. Masculine)
- Elles dorment. (They sleep. Feminine)

Take a look at these examples:

1. Est-ce que vous dormez suffisamment ? (Are you getting enough sleep?)
2. Il dort 8 heures chaque nuit. (He sleeps 8 hours per night.)
3. Tu dors toujours comme à poings fermés. (You always sleep soundly.)
4. Est-ce que vous dormez malgré les bruits environnants ? (Do you sleep despite the surrounding sounds?)
5. Pendant la semaine, nous dormons en ville pour être plus près du travail. (During the week, we sleep in the city to be closer to work.)
6. Ils dorment sur la plage en vacances. (They sleep in the beach on vacation.)
7. Combien d'heures dors-tu par nuit ? (How many hours do you sleep per night?)
8. Jacques et Paulette dorment dans un lit confortable. (Jacques and Paulette sleep in a comfortable bed.)
9. Les enfants dorment avec des animaux en peluche. (The kids sleep with stuffed animals.)

10. Je ne dors jamais sans avoir dit bonne nuit à ma famille. (I never sleep without wishing my family good night.)

Partir (To Go / To Leave / To Depart)

- Je pars. (I leave.)
- Tu pars. (You leave.)
- Il part. (He leaves.)
- Elle part. (She leaves.)
- Nous partons. (We leave.)
- Vous partez. (You leave. Plural or formal)
- Ils partent. (They leave. Masculine)
- Elles partent. (They leave. Feminine)

Take a look at these examples:

1. Je pars pour Las Vegas. (I'm leaving for Las Vegas.)
2. Elles partent avec leurs boîtes pleines de souvenirs. (They leave with their boxes full of souvenirs.)
3. À quelle heure partons-nous ? (At what time do we leave?)

4. Est-ce qu'il part à la même heure chaque jour pour aller travailler ? (Does he leave at the same time every day to go to work?)
5. Vous ne partez jamais sans dire aurevoir. (You never leave without saying goodbye.)
6. Il part avec des larmes aux yeux, triste de devoir partir. (He leaves with tears in his eyes, sad to be leaving.)
7. Savannah et Austin partent de la maison en chantant des vieilles chansons françaises. (Savannah and Austin leave the house singing old French songs.)
8. Jordan part de l'école fièrement. (Jordan leaves school proudly.)
9. Est-ce qu'elle part sans me le dire ? (Is she leaving without telling me?)
10. Nous ne partons jamais de la maison en retard. (We never leave the house running late.)

Venir (To Come)

- Je viens. (I come.)

- Tu viens. (You come.)
- Il vient. (He comes.)
- Elle vient. (She comes.)
- Nous venons. (We come.)
- Vous venez. (You come. Plural or formal)
- Ils viennent. (They come. Masculine)
- Elles viennent. (They come. Feminine)

Take a look at these examples:

1. Ma voisine vient toujours me visiter les mercredis soir. (My neighbor always comes to visit me on Wednesday nights.)
2. Est-ce que vous venez avec moi ? (Are you coming with me?)
3. Mon père vient tout juste de finir de travailler. (My dad just finished working.)
4. Tu viens de dire la plus belle chose que j'ai entendue aujourd'hui. (You just said the most beautiful thing I have heard today.)
5. Ils viennent au cinéma voir le nouveau film de Leonardo DiCaprio. (They are coming to the

cinema to watch the new Leonardo DiCaprio movie.)

6. Nous venons chez toi pour t'annoncer une grande nouvelle. (We're coming to your house to announce some big news.)
7. Je viens d'éteindre la télévision. (I just turned off the television.)
8. Attends-moi ! Je viens avec toi ! (Wait for me! I am coming with you!)
9. Anne et ses petits-enfants viennent chez moi pour jouer à des jeux de société. (Anne and her grandchildren come to my house to play board games.)
10. Est-ce que tu viens avec moi à la réunion ? (Are you coming with me to the meeting?)

Offrir (To Offer)

- J'offre. (I offer.)
- Tu offres. (You offer.)
- Il offre. (He offers.)
- Elle offre. (She offers.)

- Nous offrons. (We offer.)
- Vous offrez. (You offer. Plural or formal)
- Ils offrent. (They offer. Masculine)
- Elles offrent. (They offer. Feminine)

Take a look at these examples:

1. Cette agence de voyages offre le meilleur rabais pour cette croisière en Alaska. (This travel agency offers the best deal for this cruise in Alaska.)
2. Elle offre des fleurs à sa mère et à sa sœur. (She offers flowers to her mom and her sister.)
3. Nous offrons le taux d'intérêts le plus bas de tout le pays. (We offer the lowest interest rate in the whole country.)
4. Est-ce qu'ils offrent un menu spécial pour les enfants ? (Do they offer a special menu for kids?)
5. Je t'offre la possibilité de partir vivre à l'étranger. (I am offering you the possibility to go live abroad.)
6. Ce pays offre de nombreux programmes d'aide au financement des nouvelles entreprises. (This country offers several programs to help finance businesses.)

7. Ma généreuse grand-mère m'offre toujours de la tarte aux petits fruits faite maison. (My generous grandma always offers me a homemade berries pie.)
8. Notre patronne nous offre une promotion qu'on ne peut pas refuser. (Our boss offers us a promotion we cannot decline.)
9. Ce forfait offre des possibilités variées. (This package offers various possibilities.)
10. Est-ce qu'ils offrent le service de livraison à domicile ? (Do they offer the home delivery service?)

Tenir (To Hold)

- Je tiens. (I hold.)
- Tu tiens. (You hold.)
- Il tient. (He holds.)
- Elle tient. (She holds.)
- Nous tenons. (We hold.)
- Vous tenez. (You hold. Plural or formal)
- Ils tiennent. (They hold. Masculine)

- Elles tiennent. (They hold. Feminine)

Take a look at these examples:

1. Laura peut nous faire confiance parce que nous tenons toujours nos promesses. (Laura can trust us because we always keep our promises.)
2. Est-ce que les hommes tiennent les portes aux femmes de nos jours ? (Do men hold the doors for women nowadays?)
3. Je tiens à te garder au courant de ce qui se passe au bureau pendant que tu es parti. (It is important to me to let you know what goes on at the office while you are gone.)
4. Ces enfants se tiennent les mains en gambadant. (These kids hold hands while skipping.)
5. Je te tiens la porte puisque tu as plusieurs paquets. (I hold the door since you have a lot of packages.)
6. Est-ce que c'est important pour vous de tenir la main de votre enfant quand vous traversez la rue ? (Is it important for you to hold your child's hand to cross the road?)

7. Les policiers tiennent compte de tous les témoins lors de leur enquête. (The police officers take into account every witness during their investigation.)
8. Je te tiens au courant. (I will keep you updated.)

Aller And Prepositions

- Je vais. (I go.)
- Tu vas. (You go.)
- Il va. (He goes.)
- Elle va. (She goes.)
- Nous allons. (We go.)
- Vous allez. (You go. Plural or formal)
- Ils vont. (They go. Masculine)
- Elles vont. (They go. Feminine)

This verb, even though it is irregular, is not that tricky itself. What throws off most learners is the preposition that goes with it. If you are going to a city, you have to use the preposition 'à'.

For example:

- Je vais à Paris. (I go to Paris)
- Tu vas à New York. (You go to New York.)
- Elle va à Montréal. (She goes to Montreal)

If you want to talk about going to a country, first you have to know if the country is either feminine or masculine (yes, even countries have genders in French). Luckily, it is easy to find out.

Let's take a look at this list below:

- France
- Italie
- Angleterre
- Argentine
- Tunisie

Here is the general rule: most countries that begin with a vowel and/or end with an "e" are feminine. That means we will use the preposition "en".

For example:

- Il va en France. (He goes to France.)
- Vous allez en Italie. (You go to Italy.)
- Nous allons en Angleterre. (We go to England.)

And now, please take a look at this list of masculine countries.

- Portugal
- Canada
- Japon
- Brésil
- Luxembourg

So, most countries that begin with a consonant and end with anything but "e" are masculine ("Mexique" is an exception, it's masculine even though it ends with an "e"). So, for masculine countries, you must say "aller au" + country.

For example:

- Il va au Portugal. (He goes to Portugal.)
- Vous allez au Canada. (You go to Canada.)
- Nous allons au Japon. (We go to Japan.)

Finally, we have countries that are plural. With these, you must use “aller aux” + country.

- Il va aux États-Unis. (He goes to the United States.)
- Vous allez aux Bahamas. (You go to the Bahamas.)
- Nous allons aux Émirats Arabes Unis. (We go to the United Arab Emirates.)

What if you are going to the cinema, to the beach or to the store? What preposition should you use?

If the gender of the noun is masculine, you must use “au”:

- Je vais au cinéma. (I go to the cinema.)
- Tu vas au magasin. (You go to the store.)
- Il va au travail. (He goes to work.)
- Elles vont au restaurant. (They go to the restaurant.)
- Nous allons au supermarché. (We go to the supermarket.)
- Je vais au marché. (I go to the market.)

If the gender of the noun is feminine or starts with an “h” or a vowel, you must use “à la” or “à l’…”:

- Elle va à la plage. (She goes to the beach.)
- Nous allons à la boulangerie. (We go to the bakery.)
- Vous allez à la pharmacie. (You go to the drugstore.)
- Ils vont à l’école. (They go to school.)
- Elles vont à l'hôpital. (They go to the hospital.)

If you are going to someone’s place, you must use “chez”:

- Audrey-Anne va chez ses grands-parents. (Audrey-Anne goes to her grandparents’.)
- Mathieu va chez le dentiste. (Mathieu goes to the dentist.)
- Linda va chez la coiffeuse. (Linda goes to the hairdresser.)
- Georges va chez lui. (Georges goes home.)
- Michel va chez Marjorie. (Michel goes to Marjorie’s place.)

- Raymond va chez Aurore. (Raymond goes to Aurore's place.)

We can also use "aller" to refer to the future, just like we do in English, like in "I am going to watch a movie". Here is the structure of the sentence: subject + "aller" + infinitive verb.

1. Nous allons aller au marché. (We are going to go to the market.)
2. Vous n'allez pas manger au restaurant. (You are not going to eat at the restaurant.)
3. Ils vont voir le spectacle du Cirque du Soleil. (They are going to go see the Cirque du Soleil show.)
4. Est-ce que tu vas visiter grand-maman à l'hôpital maintenant ? (Are you going to visit grandma at the hospital right now?)
5. Est-ce qu'ils vont nous dire comment s'est terminé leur soirée ? (Are they going to tell us how their night ended?)
6. Tu ne vas pas me croire quand je vais te dire ce qu'il s'est passé ! (You are not going to believe me when I tell you what happened!)

7. Jonathan va acheter un cadeau pour sa femme. (Jonathan is going to buy a gift for his wife.)
8. Sheila va appeler sa meilleure amie. (Sheila is going to call her best friend.)
9. Jenny va installer ses nouveaux rideaux. (Jenny is going to install her new curtains.)
10. Sandy et son père vont faire une promenade avec le chien. (Sandy and her dad are going to walk the dog.)
11. Je ne vais pas prendre des vacances cet été. (I am not going to take a vacation this summer.)
12. Elles vont danser au mariage de Chady. (They are going to dance at Chady's wedding.)

Parler De Ses Goûts (Talking About Your Interests)

1. J'aime la pizza. (I like/love pizza.)
2. Je n'aime pas la musique pop. (I do not like pop music.)
3. J'ai horreur des souris. (I hate mice.)
4. Je ne supporte pas la fumée de cigarette. (I cannot handle cigarette smoke.)
5. Est-ce que tu aimes la musique rock ? (Do you like rock music?)
6. Est-ce que vous aimez aller au cinéma ? (Do you like going to the movies?)
7. Est-ce que tu préfères aller à la plage ou au parc ? (Do you prefer to go to the beach or to the park?)
8. Quelle est ton plat préféré ? (What is your favorite dish?)
9. Quel est ton chanteur/ta chanteuse préféré(e) ? (Who is your favorite singer?)
10. Quel est ton film préféré ? (What is your favorite movie?)
11. Préfères-tu l'hiver ou l'été ? (Do you prefer winter or summer?)

12. Je préfère l’hiver. (I prefer winter.)
13. Ma chanteuse préférée est Beyoncé. (My favorite singer is Beyoncé.)
14. Mon plat préféré c’est les lasagnes. (My favorite meal is lasagna.)

Décrire Sa Routine (Describing Your Routine)

Se Réveiller (To Wake Up)

- Je me réveille. (I wake up.)
- Tu te réveilles. (You wake up.)
- Il se réveille. (He wakes up.)
- Elle se réveille. (She wakes up.)
- Nous nous réveillons. (We wake up.)
- Vous vous réveillez. (You wake up. Plural or formal)
- Ils se réveillent. (They wake up. Masculine)
- Elles se réveillent. (They wake up. Feminine)

Take a look at these examples:

1. Je me réveille à 5 heures du matin. (I wake up at 5 am.)
2. Tu te réveilles à 5 heures 30 du matin. (You wake up at 5:30 am.)
3. Elle se réveille tôt tous les matins. (She wakes up early every morning.)

4. Jean se réveille tard parce qu'il travaille toute la nuit. (Jean wakes up late because he works all night.)
5. Yvan et Adrien se réveillent à 7 heures 45. (Yvan and Adrien wake up at 7:45.)
6. Jasmine et Pierre se réveillent à la même heure. (Jasmine and Pierre wake up at the same time.)
7. Nous ne nous réveillons pas quand notre alarme sonne. (We do not wake up when our alarm clock rings.)
8. Vous ne vous réveillez jamais avant 10 heures du matin. (You never wake up before 10 am.)
9. Ils ne se réveillent pas à 6 heures 45. (They do not wake up at 6:45.)
10. À quelle heure te réveilles-tu ? (At what time do you wake up?)
11. À quelle heure vous réveillez-vous ? (At what time do you wake up?)

Se Lever (To Get Up)

- Je me lève. (I get up.)

- Tu te lèves. (You get up.)
- Il se lève. (He gets up.)
- Elle se lève. (She gets up.)
- Nous nous levons. (We get up.)
- Vous vous levez. (You get up. Plural or formal)
- Ils se lèvent. (They get up. Masculine)
- Elles se lèvent. (They get up. Feminine)

Take a look at these examples:

1. Je me réveille à 6 heures trente mais je me lève à 7 heures et quart. (I wake up at 6:30 am but I get up at 7:15.)
2. Tu te lèves toujours trop tard. (You always get up too late.)
3. Il se lève de bonne humeur tous les matins. (He gets up in a good mood every morning.)
4. Contrairement à lui, elle se lève de mauvaise humeur tous les matins. (Unlike him, she gets up in a bad mood every morning.)
5. Nous nous levons pour admirer le lever du soleil. (We get up to admire the sunrise.)

6. Vous vous levez et buvez votre café. (You get up and drink your coffee.)
7. Raoul et Huguette ne se lèvent pas à la même heure. (Raoul and Huguette do not get up at the same time.)
8. À quelle heure te lèves-tu ? (At what time do you get up?)
9. À quelle heure vous levez-vous ? (At what time do you get up? [Formal or talking to a group])

Préparer : Le Petit-Déjeuner / Le Déjeuner / Le Dîner (To Prepare: Breakfast / Lunch / Dinner)

- Je prépare. (I prepare.)
- Tu prépares. (You prepare.)
- Il prépare. (He prepares.)
- Elle prépare. (She prepares.)
- Nous préparons. (We prepare.)
- Vous préparez. (You prepare. Plural or formal)
- Ils préparent. (They prepare. Masculine)
- Elles préparent. (They prepare. Feminine)

Take a look at these examples:

1. Je prépare le petit-déjeuner la veille. (I prepare breakfast on the night before.)
2. Tu ne prépares jamais le petit-déjeuner car tu ne manges jamais le matin. (You never prepare breakfast because you never eat in the morning.)
3. Tom prépare le déjeuner vers midi. (Tom prepares lunch around noon.)
4. Sophie et Luc préparent le dîner ensemble chaque jour de la semaine. (Sophie and Luc prepare dinner together every night of the week.)
5. Nous ne préparons pas le déjeuner aujourd'hui car nous allons manger au restaurant avec un client important. (We do not prepare lunch today because we are going to go eat at a restaurant with an important client.)
6. Vous ne préparez jamais vos repas à l'avance. (You never prepare your meals in advance.)
7. Suzie ne prépare jamais les mêmes repas. (Suzie never prepares the same meals.)

8. Nous préparons un petit-déjeuner sain pour les enfants du voisinage. (We prepare a healthy breakfast for the kids of the neighborhood.)
9. Je prépare mon petit-déjeuner tous les matins à 6 heures 45. (I prepare my breakfast every morning at 6:45 am.)
10. Gilles prépare le dîner à 19 heures 30. (Gilles prepares dinner at 7:30 pm.)

Prendre Le Petit-Déjeuner (To Eat Breakfast)

- Je prends le petit-déjeuner. (I eat breakfast.)
- Tu prends le petit-déjeuner. (You eat breakfast.)
- Il prend le petit-déjeuner. (He eats breakfast.)
- Elle prend le petit-déjeuner. (She eats breakfast.)
- Nous prenons le petit-déjeuner. (We eat breakfast.)
- Vous prenez le petit-déjeuner. (You eat breakfast. Plural or formal)
- Ils prennent le petit-déjeuner. (They eat breakfast. Masculine)

- Elles prennent le petit-déjeuner. (They eat breakfast. Feminine)

Take a look at these examples:

1. Je prends le petit-déjeuner à 8 heures. (I eat breakfast at 8 am.)
2. Lucie et Shirley prennent le petit-déjeuner ensemble le samedi matin. (Lucie and Shirley eat breakfast together on Saturday morning.)
3. Il prend le petit-déjeuner sur le balcon. (He eats breakfast on the balcony.)
4. Tu ne prends jamais le petit-déjeuner au restaurant. (You never eat breakfast at the restaurant.)
5. Éliane et moi ne prenons jamais le petit-déjeuner avant 10 heures du matin. (Éliane and I never eat breakfast before 10 am.)
6. Chantal et Sylvain prennent le petit-déjeuner en regardant les nouvelles à la télévision. (Chantal and Sylvain eat breakfast while watching news on TV.)
7. Je prends le petit-déjeuner en pensant à toi. (I eat breakfast while thinking of you.)

8. Chaque lundi matin, nous prenons le petit-déjeuner en se demandant comment nous allons survivre à la semaine. (Every Monday morning, we eat breakfast wondering how we are going to survive the week.)
9. Julien prend le petit-déjeuner à 7 heures et quart. (Julien eats breakfast at 7:15 am.)
10. À quelle heure prenez-vous le petit-déjeuner ? (At what time do you eat breakfast?)

Déjeuner (To Have Lunch)

- Je déjeune. (I have lunch.)
- Tu déjeunes. (You have lunch.)
- Il déjeune. (He has lunch.)
- Elle déjeune. (She has lunch.)
- Nous déjeunons. (We have lunch.)
- Vous déjeunez. (You have lunch. Plural or formal)
- Ils déjeunent. (They have lunch. Masculine)
- Elles déjeunent. (They have lunch. Feminine)

Take a look at these examples:

1. Je déjeune avec ma mère tous les lundis à midi trente. (I have lunch with my mom every Monday at 12:30.)
2. Il déjeune avec des clients importants. (He is having lunch with important clients.)
3. Elle déjeune dans un restaurant français. (She has lunch in a French restaurant.)
4. Nous déjeunons à 13 heures, c'est notre tradition familiale. (We have lunch at 1 pm, it is our family tradition.)
5. En été, tu déjeunes plus tard dans la journée. (During summer, you have lunch later in the day.)
6. Richard, Louis et toi déjeunez ensemble à 14 heures. (Richard, Louis and you have lunch at 2pm.)
7. Je déjeune toujours entre 11 heures trente et 13 heures et quart. (I always have lunch between 11:30 am and 1:15 pm.)
8. Nous déjeunons sur la plus belle terrasse de Paris. (We have lunch on the prettiest terrace in Paris.)
9. À quelle heure déjeunez-vous ? (At what time do you have lunch?)

10. Je déjeune à midi et quart. (I have lunch at 12:15.)

Dîner (To Have Dinner)

- Je dîne. (I have dinner.)
- Tu dînes. (You have dinner.)
- Il dîne. (He has dinner.)
- Elle dîne. (She has dinner.)
- Nous dînons. (We have dinner.)
- Vous dînez. (You have dinner. Plural or formal)
- Ils dînent. (They have dinner. Masculine)
- Elles dînent. (They have dinner. Feminine)

Take a look at these examples:

1. Je dîne à 17 heures. (I have dinner at 5 pm.)
2. Tu dînes vers 19 heures. (You have dinner around 7 pm.)
3. En Italie, nous dînons tard. (In Italy, we have dinner late.)
4. Il dîne chez sa grand-mère. (He has dinner at his grandma's.)

5. Vous dînez en parlant des changements à venir. (You have dinner while talking about the upcoming changes.)
6. Sylvie et son mari dînent à un restaurant de renommée internationale pour leur anniversaire de mariage. (Sylvie and her husband have dinner at an internationally known restaurant for their wedding anniversary.)
7. Je ne dîne jamais seul. (I never have dinner alone.)
8. Elle dîne toujours très tard. (She always has dinner very late.)
9. Au Canada, les gens dînent généralement tôt. (In Canada, people usually have dinner early.)
10. À quelle heure dînez-vous habituellement ? (At what time do you usually have dinner?)

Se Laver (To Wash Oneself)

- Je me lave. (I wash myself)
- Tu te laves. (You wash yourself.)
- Il se lave. (He washes himself.)
- Elle se lave. (She washes herself.)

- Nous nous lavons. (We wash ourselves.)
- Vous vous lavez. (You wash yourselves/yourself. Plural or formal)
- Ils se lavent. (They wash themselves. Masculine)
- Elles se lavent. (They wash themselves. Feminine)

Take a look at these examples:

1. Je me lave toujours avant d'aller travailler. (I always wash myself before going to work.)
2. Tu te laves après avoir mangé. (You wash yourself after eating.)
3. Elle se lave à 6 heures et quart. (She washes herself at 6:15 am.)
4. Nous nous lavons deux fois par jour. (We wash ourselves twice a day.)
5. En camping, ils se lavent dans la rivière. (When camping, they wash themselves in the river.)
6. Il se lave le matin vers 7 heures et demie. (He washes himself in the morning around 7:30.)
7. Les enfants se lavent le soir à 18 heures. (The kids wash themselves at 6 pm.)

8. Elle ne se lave jamais le matin. (She never washes herself in the morning.)
9. À quelle heure vous lavez-vous ? (At what time do you wash yourself?)
10. À quelle fréquence vous lavez-vous ? (How often do you wash yourself?)

Se Brosser Les Dents (To Brush One's Teeth)

- Je me brosse les dents. (I brush my teeth.)
- Tu te brosses les dents. (You brush your teeth.)
- Il se brosse les dents. (He brushes his teeth.)
- Elle se brosse les dents. (She brushes her teeth.)
- Nous nous brossons les dents. (We brush our teeth.)
- Vous vous brossez les dents. (You brush your teeth. Plural or formal)
- Ils se brossent les dents. (They brush their teeth. Masculine)
- Elles se brossent les dents. (They brush their teeth. Feminine)

Take a look at these examples:

1. Je me brosse les dents trois fois par jour. (I brush my teeth three times a day.)
2. Tu te brosses les dents avant d'aller chez le dentiste. (You brush your teeth before going to the dentist.)
3. Elle se brosse toujours les dents après avoir mangé. (She always brushes her teeth after eating.)
4. Nous nous brossons les dents à 7 heures et demie. (We brush our teeth at 7:30 am.)
5. Ils se brossent les dents après s'être lavés. (They brush their teeth after washing themselves.)
6. Cathy se brosse les dents tôt le matin. (Cathy brushes her teeth early in the morning.)
7. Sébastien se brosse les dents avec ses enfants avant d'aller au travail. (Sébastien brushes his teeth with his kids before going to work.)
8. Olivier ne se brosse pas toujours les dents avant d'aller se coucher. (Olivier does not always brush his teeth before going to sleep.)
9. À quelle fréquence vous brossez-vous les dents ? (How often do you brush your teeth?)

10. À quelle heure te brosses-tu les dents ? (At what time do you brush your teeth?)
11. Combien de fois par jour vous brossez-vous les dents ? (How many times a day do you brush your teeth?)

S'habiller (To Get Dressed)

- Je m'habille. (I get dressed.)
- Tu t'habilles. (You get dressed.)
- Il s'habille. (He gets dressed.)
- Elle s'habille. (She gets dressed.)
- Nous nous habillons. (We get dressed.)
- Vous vous habillez. (You get dressed. Plural or formal)
- Ils s'habillent. (They get dressed. Masculine)
- Elles s'habillent. (They get dressed. Feminine)

Take a look at these examples:

1. Je m'habille rapidement vers 7 heures et quart. (I get dressed fast around 7:15 am.)

2. Elles s'habillent élégamment. (They dress elegantly.)
3. Vous vous habillez après vous être lavé. (You get dressed after you have washed yourself.)
4. À quelle heure vous habillez-vous ? (At what time do you get dressed?)

Aller À L'école / Au Travail (To Go To School / To Go To Work)

- Je vais à l'école/au travail. (I go to school/to work.)
- Tu vas à l'école/au travail. (You go to school/to work.)
- Il va à l'école/au travail. (He goes to school/to work.)
- Elle va à l'école/au travail. (She goes to school/to work.)
- Nous allons à l'école/au travail. (We go to school/to work.)
- Vous allez à l'école/au travail. (You go to school/to work. Plural or formal)

- Ils vont à l'école/au travail. (They go to school/to work. Masculine)
- Elles vont à l'école/au travail. (They go to school/to work. Feminine)

Take a look at these examples:

1. Je vais au travail tous les jours, du lundi au vendredi. (I go to work every day, from Monday to Friday.)
2. Est-ce que vous allez au travail pendant les weekends ? (Do you go to work during the weekends?)
3. À quelle heure allez-vous à l'école ? (At what time do you go to school?)
4. Nous allons au travail à 8 heures du matin. (We go to work at 8 am.)

Arriver À L'école / Au Travail (To Arrive At School / At Work)

- J'arrive à l'école/au travail. (I arrive at school/at work.)
- Tu arrives à l'école/au travail. (You arrive at school/at work.)
- Il arrive à l'école/au travail. (He arrives at school/at work.)
- Elle arrive à l'école/au travail. (She arrives at school/at work.)
- Nous arrivons à l'école/au travail. (We arrive at school/at work.)
- Vous arrivez à l'école/au travail. (You arrive at school/at work. Plural or formal)
- Ils arrivent à l'école/au travail. (They arrive at school/at work. Masculine)
- Elles arrivent à l'école/au travail. (They arrive at school/at work. Feminine)

Take a look at these examples:

1. Est-ce que tu arrives au travail avant 9 heures du matin ? (Do you arrive at work before 9 am?)
2. Elle arrive toujours à l'école en retard. (She always arrives late to school.)
3. À quelle heure arrives-tu au travail ? (At what time do you arrive to work?)
4. Est-ce qu'ils arrivent à l'école suffisamment tôt ? (Do they arrive at school early enough?)
5. J'arrive au travail à 6 heures 45. (I arrive at work at 6:45 am.)

Here are some other useful sentences:

1. Je sors de l'école à 16 heures 30. (I leave school at 4:30 pm.)
2. Après le travail je fais des courses. (After work, I run some errands.)
3. Quand il rentre à la maison, vers 18 heures, il fait le ménage. (When he gets home, around 6 pm, he cleans up.)
4. Tu ne fais jamais le ménage. (You never clean up the house.)

5. Elle fait des courses le mardi. (She runs errands on Tuesday.)
6. Nous étudions tous les soirs après l'école. (We study every night after school.)
7. Elle n'étudie jamais. (She never studies.)
8. Nous faisons toujours la vaisselle ensemble. (We always do the dishes together.)
9. Je regarde rarement la télévision. (I rarely watch TV.)
10. Elles font parfois une sieste l'après-midi. (They sometimes take a nap in the afternoon.)
11. Il surfe parfois sur le web pour se détendre. (He sometimes surfs the Internet to relax.)
12. Nous ne lisons jamais le journal. (We never read the newspaper.)
13. Vous promenez toujours le chien à 19 heures. (You always walk the dog at 7 pm.)
14. Richard lit le journal chaque jour. (Richard reads the newspaper every day.)
15. À quelle fréquence lisez-vous le journal ? (How often do you read the newspaper?)

16. À quelle fréquence vous brossez-vous les dents ? (How often do you brush your teeth?)
17. À quelle fréquence allez-vous à l'opéra ? (How often do you go to the opera?)
18. À quelle fréquence fais-tu une sieste ? (How often do you take a nap?)
19. À quelle fréquence utilisez-vous Internet ? (How often do you use the Internet?)
20. À quelle fréquence fais-tu de l'exercice ? (How often do you workout?)

Comparer (To Compare)

Les restaurants à Paris sont plus chers que les restaurants en campagne. (Restaurants in Paris are more expensive than restaurants in the countryside.)

Les livres sont plus intéressants que les films. (Books are more interesting than movies.)

La musique classique est plus relaxante que la musique rock. (Classical music is more relaxing than rock music.)

Le basketball est plus divertissant que le baseball. (Basketball is more entertaining than baseball.)

Julie travaille plus fort que Roger. (Julie works harder than Roger.)

Maude cuisine mieux que Natasha. (Maude cooks

better than Natasha.)

Il chante mieux que son voisin. (He sings better than his neighbor.)

Nathalie danse mieux que Ève. (Nathalie dances better than Eve.)